BEI GRIN MACHT SICH IHR WISSEN BEZAHLT

AF173425

- Wir veröffentlichen Ihre Hausarbeit,
  Bachelor- und Masterarbeit

- Ihr eigenes eBook und Buch -
  weltweit in allen wichtigen Shops

- Verdienen Sie an jedem Verkauf

Jetzt bei www.GRIN.com hochladen
und kostenlos publizieren

Simon Schnürch

Aus der Reihe: e-fellows.net stipendiaten-wissen

e-fellows.net (Hrsg.)

Band 124

Hooligangewalt im Kontext des Kulturphänomens Fußball

GRIN Verlag

Bibliografische Information der Deutschen Nationalbibliothek:

Die Deutsche Bibliothek verzeichnet diese Publikation in der Deutschen National-
bibliografie; detaillierte bibliografische Daten sind im Internet über http://dnb.d-
nb.de/ abrufbar.

Impressum:

Copyright © 2010 GRIN Verlag, Open Publishing GmbH
Druck und Bindung: Books on Demand GmbH, Norderstedt Germany
ISBN: 978-3-640-96479-6

Dieses Buch bei GRIN:

http://www.grin.com/de/e-book/175318/hooligangewalt-im-kontext-des-kulturphae-
nomens-fussball

SEMINARARBEIT

Rahmenthema des Wissenschaftspropädeutischen Seminars:

Sport und Kultur

Leitfach: *Deutsch*

Titel der Arbeit:

Hooligangewalt im Kontext des Kulturphänomens Fußball

INHALT

1 Einleitung

1.1 Fragestellung der Arbeit

„Wir werden uns ewig jagen, gegenseitig auf die Schnauze schlagen – für immer Kategorie C!"[1]

Kategorie C – dabei handelt es sich um eine Einteilung, welche die ZIS[2] bei Fußballfans vornimmt: Kategorie-A-Fans sind konsumorientierte, friedliche Zuschauer. Kategorie-B-Fans sind meist fußballzentriert und in Extremsituationen, beispielsweise nach Provokationen, durchaus gewaltbereit. Kategorie-C-Fans sind erlebnisorientierte und deshalb gewaltsuchende Fans, die oftmals mehr Interesse an der „dritten Halbzeit", der Prügelei nach einem Fußballspiel, haben als am Spiel selbst.[3] Man bezeichnet diese Fans gemeinhin auch als Hooligans. In der Saison 2006/07 gab es in den beiden deutschen Profiligen 2308 Fans, die in die Kategorie C eingestuft wurden.[4]

Das Phänomen des Hooliganismus existiert im deutschen Fußball ungefähr seit den 1970er-Jahren. Großes öffentliches Aufsehen erregte es allerdings erst später, etwa mit Ausschreitungen im Jahr 1985 in Brüssel. Bei dem Europapokal-Endspiel zwischen dem FC Liverpool und Juventus Turin kamen dort 39 Menschen ums Leben, 400 wurden schwer verletzt.[5] Der vielleicht prominenteste Fall von Hooligangewalt ereignete sich 1998 bei der Fußball-Weltmeisterschaft in Frankreich: Der französische Polizist Daniel Nivel wurde von deutschen Hooligans niedergestreckt und am Boden liegend weiterhin getreten und geschlagen. Er trug massive, bleibende Gesundheitsschäden davon; die beteiligten Hooligans wurden zu mehrjährigen Haftstrafen verurteilt.[6]

Angesichts solcher Gewaltexzesse und angesichts der Einstellung, die Hooligans offenbar dazu haben, drängen sich zahlreiche Fragen auf: Was ist der Grund für die Existenz einer Subkultur, die sich anscheinend ausschließlich zum Zweck der Gewaltausübung gebildet hat? Wieso eskaliert die Situation dabei nur allzu häufig? Haben Hooligans Spaß an stumpfer Gewalt, Spaß daran, andere Menschen schwer zu verletzen oder gibt es differenzierte Gründe für ihr Verhalten?

Um diese Fragen zu beantworten, ist es unumgänglich, sich genauer mit den Hooligans

---

1 Kategorie C: „So sind wir".
2 ZIS ist die Abkürzung für „Zentrale Informationsstelle Sporteinsätze".
3 Vgl. http://de.academic.ru/dic.nsf/dewiki/1546189#Kategorien.
4 Vgl. http://de.academic.ru/dic.nsf/dewiki/1546189#Jahresberichte.
5 Vgl. Weigelt 2004, S. 26.
6 Vgl. ebd., S. 27.

auseinanderzusetzen, indem man die Zusammensetzung ihrer Subkultur untersucht und gleichzeitig mit besonderem Augenmerk auf der Hooligangruppe nach den Ursachen der Gewalt forscht.

1.2 Konzept der Arbeit

Zunächst sollen einige für das Verständnis der Arbeit notwendige Begriffe definiert werden. Im Einzelnen sind dies die Termini „Gewalt", „Subkultur" und „Hooligan" beziehungsweise „Hooliganismus". Anschließend werden die Hooligans sowohl als Gruppe als auch als Subkultur charakterisiert, indem ihr Erscheinungsbild untersucht und nachgeforscht wird, aus welchen sozialen Schichten sie sich primär rekrutieren. Des Weiteren soll die Hooligangruppe in ihrer Gesamtheit einer genaueren Betrachtung unterzogen werden – dazu wird den Fragen nachgegangen, wie eine solche Gruppe organisiert ist, wie die Hierarchie innerhalb derselben aussieht und ob es Ideale gibt, welche die Gruppenmitglieder verbinden und für Zusammenhalt sorgen. Hier stellt sich auch die Frage nach der Einhaltung eines so genannten Ehrenkodex, der bestimmte Verhaltensvorschriften für die Hooligans macht.

Hierauf soll die Motivation für Hooliganismus gründlich untersucht werden: Dabei wird zunächst auf den Fußball als mobilisierendes Ereignis eingegangen und sich dann nochmals mit der Bedeutung der Hooligangruppe beschäftigt. An dieser Stelle soll herausgearbeitet werden, welche Rolle die Gruppe als solche für die Gewaltbereitschaft spielt. Eng damit verknüpft ist die allgemeine Ursachenforschung in Bezug auf die Gewalt – neben der Gruppe gibt es eine Reihe weiterer beeinflussender Faktoren, die ebenfalls möglichst ausführlich Beachtung finden sollen.

2 Begriffsdefinitionen

2.1 Gewalt

Der allgemeine Gewaltbegriff ist relativ weit gefasst und daher stellenweise „konturenlos"[7]. Definiert man ihn wie Theunert als „Manifestation von Macht und/oder Herrschaft, mit der Folge und/oder dem Ziel der Schädigung von einzelnen oder Gruppen von Menschen"[8], umfasst er neben der physischen ebenso die strukturelle, psychische und verbale Gewalt. Für diese Arbeit ist es allerdings sinnvoll, den Begriff der Thematik entsprechend einzugrenzen, indem man ihn subjektiv, also über die

---

7 v. Trotha, zit. nach Eckert/Reis/Wetzstein 2000, S. 19.
8 Theunert, zit. nach Pilz 1993, S. 40.

Deutungen der Akteure, definiert. Somit beschränkt sich der Gewaltbegriff in der folgenden Untersuchung auf die Anwendung physischer Gewalt, wie dies Popitz prägnant formuliert: „Gewalt meint eine Machtaktion, die zur absichtsvollen körperlichen Verletzung anderer führt."[9] Bemerkenswert an der subjektiven Definition von Gewalt durch Hooligans ist, dass diese selbst ihre Prügeleien nicht als Gewalt betrachten, sondern als freiwilligen Kampfsport: „Wir sehn das eigentlich als Sport. Entweder bin ich besser als der, der vor mir steht, oder ich bin schlechter. Wie beim Boxen ..."[10] Im Folgenden soll dieser Aspekt der subjektiven Gewaltdeutung allerdings nicht beachtet und diese Art von „Sport" weiterhin als Gewalt betrachtet werden.

2.2 Subkultur

Der Begriff „Subkultur" wird hier nach dem Modell von Rolf Schwendter definiert. Dieser bezeichnet die Negation des herkömmlichen Kulturbegriffs als Subkultur. Kultur ist für ihn „der Inbegriff alles nicht Biologischen in der menschlichen Gesellschaft, [...] die Summe aller Institutionen, Bräuche, Werkzeuge, Normen, Wertordnungssysteme, Präferenzen, Bedürfnisse usw. in einer konkreten Gesellschaft."[11] Das Gegenteil davon, wenn sich also Institutionen, Bräuche, Werkzeuge, Normen usw. in höherem Maße von denen der herrschenden Institutionen differenzieren, ist die Subkultur.[12] Zweifelsohne lässt sich dies mühelos auf die Hooligans anwenden: Ihre Ideologie unterscheidet sich wesentlich von der des vom weitaus größten Teil der Gesellschaft anerkannten, „klassischen" Kulturbegriffs, was sie zu einer Subkultur macht.

2.3 Hooligan

An dieser Stelle sollen lediglich die Etymologie des Begriffs und die historische Entwicklung des Hooliganismus kurz geklärt werden; die Definition der heutigen Hooligankultur wird im Folgenden entwickelt.

Es ist nicht genau festlegbar, woher der Begriff „Hooligan" kommt: Er könnte auf die irische Familie O'Hoolihan zurückgehen, die sich im 19. Jahrhundert wegen heftiger Prügeleien einen schlechten Ruf erworben hatte oder auf den Iren Patrick Hooligan, der als Randalierer und Anführer einer gewaltbereiten Jugendbande bekannt war.[13] Man könnte den Begriff auch von dem irischen Wort „hooley", das „wild" bedeutet, oder von

---

9 Popitz 1992, S. 48.
10 Hooligan, zit. nach Steinmetz 2000, S. 383.
11 Schwendter 1978, S. 10.
12 Vgl. ebd., S. 11.
13 Vgl. Giurgi 2008, S. 11.

dem russischen „chuligany", was so viel wie „Raufbold" heißt, ableiten.[14] Erstmals verwendet wurde er 1898 in einer britischen Tageszeitung als Umschreibung für Straßenkriminelle.[15]

Untersucht man die Geschichte der Zuschauerausschreitungen beim Fußball, stellt man fest, dass es solche Ausschreitungen schon vor längerer Zeit gab: Etwa ab dem Jahr 1850 begann das Fußballspiel sich bei der englischen Arbeiterklasse zunehmender Popularität zu erfreuen, wobei es von Anfang an Zuschauerausschreitungen gab. Dagegen wurde allerdings weder durch kommunale oder staatliche Behörden vorgegangen noch bewirkten oder verstärkten Massenmedien eine moralische Entrüstung über dieses Phänomen, das zudem kein dominanter Aspekt des Zuschauerverhaltens war. Problematisiert wurde es erst zu Beginn der 1960er-Jahre; einerseits weil die modernen Transportmittel seine Verbreitung förderten, andererseits aufgrund der einsetzenden Berichterstattung durch die Massenmedien, die laut Dunning „ganz wesentlich zur Entstehung des Problems beigetragen und die Kluft zwischen den Generationen vertieft"[16] haben. Man begann, auf das „neue" Problem zu reagieren, indem man die Fans räumlich und dadurch sozial isolierte, beispielsweise indem Zäune um die Blöcke errichtet wurden. Insgesamt wurden die Zusammenstöße von Zuschauern von der lokalen auf die nationale Ebene gehoben.[17]

3 Charakterisierung der Hooligans als Gruppe und Subkultur

3.1 Erscheinungsbild[18]

Es ist schwer, in Bezug auf das Erscheinungsbild eines typischen Hooligan eine klare Aussage zu treffen, da es den typischen Hooligan nicht gibt. Hooligans sind, wie später deutlich werden wird, keine homogene Masse; deshalb kann die folgende Beschreibung keinen Anspruch auf absolute Geltung erheben.

Generell sind Hooligans möglichst unauffällig gekleidet, um beispielsweise bei der Polizei kein Aufsehen zu erregen. Daher tragen sie einerseits möglichst simple Kleidung, also Jeans, T-Shirts, Turnschuhe und Lederjacken, andererseits ist ihre Kleidung aber auch teuer, da sie sehr markenbewusst sind. Bevorzugt werden Labels wie Nike, Lacoste, Lonsdale, Hugo Boss, Fred Perry, Adidas oder New Balance

---

14 Vgl. Giurgi 2008, S. 11.
15 Vgl. Meier 2001, S. 9.
16 Dunning 1984, S. 127.
17 Vgl. ebd., S. 123-127.
18 Vgl. Weigelt 2004, S. 71-72.

getragen, wobei besonders Marken aus England wegen der dortigen Hooliganszene beliebt sind. Auffällige Fan-Schals oder Kutten wird man bei Hooligans vergeblich suchen; es zeigt sich eine deutliche Diskrepanz zwischen dem tatsächlichen Aussehen von Hooligans und dem öffentlich verbreiteten Bild des gewalttätigen Fußballverbrechers.

Ihr Kleidungsstil hat für die Hooligans allerdings nicht nur den positiven Effekt, dass sie von der Polizei schwerer zu identifizieren sind, sondern auch den Nachteil, dass er zu Konflikten innerhalb der Subkultur führt: Einerseits zwischen „Jung-Hools", bei denen das Modebewusstsein stärker ausgeprägt ist als bei „Alt-Hools", andererseits auch dadurch, dass Hooligans Scheu vor Kämpfen zeigen, weil sie die Beschädigung ihrer (unter Umständen recht teuren) Kleidung fürchten.

3.2 Zusammensetzung der Subkultur

Laut einer Studie im Auftrag des Bundesinnenministeriums erfüllen die meisten Hooligans „typische[] soziale[] und psychische[] Merkmale delinquenter junger Männer"[19] wie Alkoholmissbrauch, Arbeitslosigkeit oder dissoziales Verhalten. Allgemein lässt sich feststellen, dass derart gewaltaffine Gruppen eher aus den unteren Bevölkerungsschichten stammen, allerdings bilden die Hooligans hier laut Pilz eine Ausnahme oder sind zumindest nicht genau zuzuordnen: Ihm zufolge, und damit widerspricht er dem Ergebnis der angesprochenen Studie, sind zahlreiche Hooligans fest im Leben verankert und haben quasi zwei Identitäten, eine bürgerliche und eine sub-, oder besser gesagt, jugendkulturelle.[20] Dafür spricht unter anderem, dass man eine ausreichende Einkommensquelle benötigt, um das Hooligansein überhaupt ausleben zu können, also um Eintrittskarten, Anfahrt und Kleidung zu finanzieren. Wie ist dann aber das Ergebnis der Studie zustande gekommen? Giurgi erklärt dies mit der Überlegung, gesellschaftlich verankerte Hooligans seien diskreter, weil sie ihre Anstellung und allgemein ihre bürgerliche Identität nicht aufs Spiel setzen wollen und somit für Studien schwerer zu erfassen sind.[21] Die ZIS stellt ebenfalls fest, dass die Gewalttäter allen gesellschaftlichen Schichten entstammen und die Gewalt somit kein Phänomen der Unterschicht sei.[22]

Politisch folgen Hooligans keiner übergeordneten Ideologie, wenn sich allerdings auch

---

19 Lösel/Bliesener/Fischer/Pabst zit. nach Weigelt 2004, S. 44.
20 Vgl. Pilz 1993, S. 59.
21 Vgl. Giurgi 2008, S. 23.
22 Vgl. http://de.academic.ru/dic.nsf/dewiki/1546189#Jahresberichte.

gewisse rechtsextreme Tendenzen nicht bestreiten lassen, da ein Teil der Szene von rechtsorientierten Skinheads gestellt wird, welche ihre politische Gesinnung in den Hooliganismus hinein tragen.[23]

Die meisten Hooligans sind männlich und zwischen 15 und 35 Jahren alt[24], wobei die unter 20-Jährigen die Mehrheit bilden. Dies hängt damit zusammen, dass mit zunehmendem Alter der Anteil der erlebnisorientierten Fußballfans abnimmt, wie Heitmeyer und Peter feststellten: Sind es noch 46,2 % der 15- bis 17-Jährigen, die auf das Erlebnis Stadionbesuch fokussiert sind und weniger auf den Fußball oder auf das Konsumieren einer prinzipiell beliebig austauschbaren Dienstleistung, beträgt der Prozentsatz bei den 18- bis 20-Jährigen nur noch 38,5 % und bei den 21- bis 24-Jährigen 15,4 %.[25] Natürlich sind nicht alle erlebnisorientierten Fans gewaltsuchend, das heißt Hooligans, aber alle gewaltsuchenden Fans sind erlebnisorientiert.

Man kann den Hooliganismus folglich als eine Jugendkultur bezeichnen, wenn es auch einige Ausnahmen gibt.

Problematisch für den Lebensweg vor allem von jüngeren Hooligans ist, dass sie die Folgen ihres Handelns schwer einschätzen können und die soziale Gewichtung ihres „Sports" sowie dessen Bedeutsamkeit für ihre Biographie unterschätzen. Im Gegensatz zum eher flüchtigen gruppeninternen Respekt ist die Kriminalisierung aufgrund von Gewalttaten dauerhaft und wird damit zu einem nicht zu unterschätzenden Problem für die Gemeinschaft.

3.3 Die Gruppe: Organisation, Hierarchie und Ideale

Hooliganfights finden oftmals nicht spontan statt; sie werden vorab vereinbart, um sie besser organisieren zu können. Die Hooligans verabreden dabei einen Treffpunkt, der aufgrund verschärfter Polizeiüberwachung meist nicht das Stadion ist. Sie weichen stattdessen auf so genannte „Drittorte"[26] aus, entfernen sich also zum Teil kilometerweit vom Fußballstadion.

Die Organisation für die einzelnen Gruppen, die beispielsweise darin besteht, sich einige Tage vorher zu treffen und Kampfstrategien festzulegen, die Reiseroute zu bestimmen und vergangene Konfrontationen Revue passieren zu lassen, übernehmen die ranghöchsten Mitglieder der Hooligangruppe, die „Anführer". Eine solche Gruppe,

23 Vgl. Meier 2001, S. 60.
24 Vgl. http://www.msvportal.de/forum/archive/index.php/t-425.html.
25 Vgl. Heitmeyer/Peter 1988, S. 91-92.
26 Vgl. beispielsweise http://www.live-aus-muenchen.de/default.asp?PkId=272&LCID=1031&ParentId=280&ArticleId=6340.

die auch als *Firm* bezeichnet wird und etwa 30 bis 50 Mitglieder umfasst, wird meist von zwei bis drei Anführern geleitet, die bereits viel Kampferfahrung haben und die Fanszenen genau kennen.[27] Eine Stufe tiefer in der Hierarchie stehen Mitglieder des so genannten „Harten Kerns" alias die „Guten". Sie sind ebenfalls langjährige Hooligans, kennen sich seit Jahren, stehen bei Schlägereien meist in der ersten Reihe und schlagen daher als erste zu. In den hinteren Reihen befinden sich die Mitläufer, die dem direkten Zweikampf oftmals aus dem Weg gehen und sich stattdessen durch besondere Brutalität gegenüber am Boden Liegenden auszeichnen, um Anerkennung innerhalb ihrer Gruppe zu gewinnen. Daraus resultiert die abfällige Bezeichnung „Lutscher", die auch für gegnerische Hooligans gebraucht wird.[28]

Diese Bezeichnung mag sich einerseits mit der Feigheit der Mitläufer erklären lassen, andererseits damit, dass sie dem so genannten Ehrenkodex der Hooligans zuwider handeln. Dieser sieht vor, in den Auseinandersetzungen keine Waffen zu verwenden, nicht nachzutreten – also bereits am Boden Liegende anzugreifen – und totale Diskretion einzuhalten, das heißt niemanden zu verraten oder anzuzeigen. Außerdem sollen nur etwa gleich große Gruppen gegeneinander antreten und keine Unbeteiligten in die Schlägereien verwickelt werden. Dieser Kodex mag früher einmal existiert haben, mittlerweile ist er nur mehr ein Mythos.[29] De facto verwenden Hooligans eine Vielzahl von Waffen – Bierdosen und Flaschen, Steine oder Betonstücke – und kämpfen nicht nur gegen gleichstarke Gegner, sondern greifen oft auch Neutrale oder Tiere, zum Beispiel Polizeihunde, an. Ebenso gibt es häufig Gewalt in Form von Vandalismus.[30] Gewaltexzesse, die dem „Ehrenkodex" wesentlich zuwider laufen, sind keinesfalls unüblich, wie folgende Beobachtung Bufords eindrucksvoll beweist: „Direkt vor mir war ein junger Italiener zu Boden geschlagen worden. Als er aufstehen wollte, stieß ein Engländer ihn wieder um, indem er ihm die flache Hand ins Gesicht rammte. Der Junge fiel rückwärts aufs Pflaster, und der Hinterkopf hüpfte ein wenig nach dem Aufprall. Zwei weitere United-Fans kamen hinzu. Der eine trat dem Jungen in die Rippen. […] Der Junge nahm die Arme herunter, um die Rippen zu schützen, und dann trat ihm der andere Engländer ins Gesicht."[31]

---

27 Vgl. Giurgi 2008, S. 35.
28 Vgl. Weigelt 2004, S. 73-74.
29 Vgl. Giurgi 2008, S. 26.
30 Vgl. ebd., S. 27.
31 Buford 1992, S. 95-96.

4 Motivation für Hooliganismus

4.1 Fußball als mobilisierendes Ereignis: Die Entwertungsthese

Der Begriff der Entwertungsthese wurde von Wilhelm Heitmeyer und Jörg-Ingo Peter entwickelt. Sie stellen fest, dass durch die Individualisierung innerhalb der Gesellschaft die Integrationswege in soziale Netzwerke undeutlicher werden und schwieriger zu begehen sind. Dies führt zur Vereinzelung von Individuen und letztlich zu Identitäts-problemen, die wiederum oftmals das Entstehen von (primär jugendlichen) Subkulturen begünstigen, deren – wenn auch nicht vordergründiges – Ziel der Aufbau von Identität ist.[32] Da dies nur innerhalb einer Gruppe geschehen kann, soll im folgenden Abschnitt die Rolle, welche die Hooligangruppe laut der Entwertungsthese für die Identitätsfindung der Hooligans hat, untersucht werden.

4.2 Die Rolle der Gruppe: Gewalt als Mittel zur Identitätsbildung

„In der Clique da fühlt man sich also stärker, auch irgendwie größer, da sind mehrere, da kannst du auch mal zuhauen."[33]

Weit über 90 % der Gewalttaten von Hooligans sind Gruppentaten.[34] Es besteht folglich ein enger Zusammenhang zwischen der Hooligangruppe und der Gewalt. Mummendey definiert eine Gruppe allgemein als „eine Ansammlung von Menschen, die fühlen oder wahrnehmen, daß sie eine Gruppe sind, die sich selbst als Angehörige einer Gruppe kategorisieren und die konsensual in der gleichen Weise von anderen kategorisiert werden."[35] Damit die Anderen eine Gruppe als solche kategorisieren, müssen die Gruppenmitglieder sich also deutlich erkennbar abgrenzen. Wie Wagner feststellt, kann eine positive soziale Identität, ein positives Selbstwertgefühl nur dann erreicht werden, „wenn die eigene Gruppe positiv von relevanten Vergleichsgruppen abgesetzt wird".[36] Eine Möglichkeit, dies zu erreichen, besteht in der Gewaltanwendung: Dadurch kann sich eine Gruppe von anderen abgrenzen beziehungsweise Macht und damit positive soziale Identität gewinnen.[37] Die Gruppe schürt somit die Gewalt, einerseits bewusst, wenn sie Emotionen wie Hass und Wut durch gemeinsame Rituale – bei Hooligans beispielsweise die Treffen vor den Kämpfen – zu kultivieren sucht, andererseits durch

32 Vgl. Heitmeyer/Peter 1988, S. 9-10.
33 14-Jähriger, zit. nach Pilz, http://www.sgbviii.de/S25.html.
34 Vgl. Weigelt 2004, S. 53.
35 Mummendey 1985, S. 192.
36 Wagner 1994, S. 9.
37 Vgl. Eckert/Reis/Wetzstein 2000, S. 398.

eine automatische Gruppendynamik, die für eine Verselbstständigung der Handlungen sorgt und den Einzelnen Dinge tun lässt, die er außerhalb der Gruppe nicht tun würde.

Verstärkt wird dieser Effekt durch vorherigen Alkoholkonsum, das Hören von Musik mit rechtsradikalem und allgemein gewalttätigem Inhalt sowie Gerüchte und eigene konflikthafte Erfahrungen in Bezug auf die „Gegner". All dies führt innerhalb der Gruppe zu einem Kontrollverlust der Einzelperson.[38]

Neben dem Induzieren von Gewalt als Distinktionsmittel hat die Gruppe weitere Funktionen wie beispielsweise die Solidarität unter den Gruppenmitgliedern: Ein wichtiges Postulat der Hooligangruppe ist der Zusammenhalt in allen Situationen, mit dem ein erheblicher Konformitätsdruck, das heißt Gruppenzwang, einher geht.[39] Des Weiteren sorgt sie für Kommunikation, sei es zur Planung von Kämpfen, seien es mehr oder weniger belanglose Gespräche, wenn die Gruppe außerhalb von Kämpfen zusammen ist, und hat somit eine sozial-integrative Funktion. Ebenfalls ist der Hooligangruppe eine Schutzfunktion für das Individuum innerhalb der Gruppe zuzusprechen: Zwar geht dieses darin unter und verliert teilweise die Kontrolle über sein Handeln, dafür erfährt es Akzeptanz und Geborgenheit in einem starken sozialen Netz. Dies ist allerdings insoweit fragwürdig, als sich empirisch eine Diskrepanz zwischen der proklamierten Kameradschaft und ihrer faktischen Realisierung feststellen lässt: 32 % der erlebnisorientierten Fans erfahren subjektiv Akzeptanz in Gruppen, aber lediglich 4,4 % würden bei persönlichen Problemen als erste Anlaufstelle die Freunde aus der Fanclique wählen.[40] Die Loyalität, die in der Hooligangruppe angeblich existiert, beschränkt sich also auf den Antrieb und Zweck dieser Gruppe: Die Gewaltausübung.

Die wichtigste Funktion der Gruppe ist dementsprechend die bereits genannte Abgrenzung mittels Gewalt, die zur Identitätsbildung beiträgt, was Weigelt folgendermaßen formuliert: „Durch Abgrenzung nach außen stabilisiert sich die Gruppe in ihrem Innern."[41] Das heißt, die Gewaltausübung der Gruppenmitglieder führt erstens zu einer Stabilisierung der Strukturen in der Gruppe und zweitens zu einer psychischen „Stabilisierung" der Gruppenmitglieder selbst: zur Identitätsbildung.

38 Vgl. Weigelt 2004, S. 51-53.
39 Vgl. ebd.., S. 92.
40 Vgl. Heitmeyer/Peter 1988, S.77.
41 Weigelt 2004, S. 92.

4.3 Die Rolle der Gewalt: Weiterführende Ursachenforschung

4.3.1 Fortbestehen traditioneller Männlichkeitsnormen

„Schwule können nicht Fußball spielen."[42]

Wie schon in der Beschreibung der Subkultur festgestellt, ist der Hooliganismus primär eine Männerkultur: Nur 10 bis 15 Prozent der Hooligans sind – zudem größtenteils nicht gewaltbereite – Frauen.[43] Im Zusammenhang damit lässt sich feststellen, dass im Hooliganismus klassische Männlichkeitsnormen, also traditionelle männliche Eigenschaften wie Mut, Geschick bei Auseinandersetzungen, häufiger Alkoholkonsum oder Loyalität gegenüber den Mitgliedern der Gruppe fortbestehen.[44] Dies hängt mit dem sozialen Milieu zusammen, dem die Fußballfans entstammen: Der Großteil von ihnen, nämlich 81,8 %, absolviert eine handwerkliche Lehre oder eine Facharbeiter-Ausbildung[45] und benötigt somit seine Körperkraft im Beruf. Die Körperkraft hat, wie Heitmeyer und Peter es formulieren, eine „hohe Bedeutung [...] für die Identität im Produktionsprozess, die dann auch im Freizeitbereich Gültigkeit hat, weil sie Teil des Habitus geworden ist".[46] Diese Einstellung ist mittlerweile zum Teil nostalgisch, da aufgrund technologischer Neuerungen im Produktionsprozess kaum noch schwere körperliche Arbeit erforderlich ist. Die Männlichkeitsnormen sind somit nicht mehr in kohärente soziale Milieus und deren soziale Kontrollmechanismen eingebunden, wodurch eine politische Instrumentalisierung möglich wird.[47]

Auch eine geschlechtsspezifische Erziehung und dadurch entstehende patriarchalische Vorurteile kann man als Erklärung für das Fortbestehen dieser Normen heranziehen. Auch heute noch werden in vielen Familien an Jungen und Mädchen aufgrund ihrer Geschlechterzugehörigkeit unterschiedliche Erwartungen gestellt. Giurgi konkretisiert: „Leider ist es nicht selten, dass soziale Konstruktionen von Männlichkeit mit Aggressivität und Gewalttätigkeit zusammenstehen".[48]

Naheliegenderweise haben diese aggressiven Männlichkeitsnormen in einer nahezu reinen Männerkultur einen hohen Stellenwert und werden kultiviert. Da, wie schon

---

42 Lothar Matthäus, zit. nach http://www.taz.de/?id=archivseite&dig=2006/08/11/a0174.
43 Vgl. Weigelt 2004, S. 93.
44 Dunning 1984, S. 128.
45 Vgl. Dunning 1984, S. 128.
46 Heitmeyer/Peter 1988, S. 47.
47 Vgl. ebd., S. 48.
48 Giurgi 2008, S. 68.

festgestellt, diese Normen im Wesentlichen Körperkraft und die Fähigkeit, sich in einer körperlichen Auseinandersetzung durchzusetzen, beinhalten, liegt es nahe, sie als einen Grund für die Hooligangewalt zu betrachten, wobei die Kämpfe Teil einer „Subkultur der Gewalt"[49] sind, welche bewusst raue Männlichkeit zu inszenieren versucht. Die von den Hooligans vertretenen Ideale der aggressiven Männlichkeit führen dann, verbunden mit ihrer „nur begrenzten Fähigkeit zur emotionalen Kontrolle"[50], fast zwangsläufig zu Schlägereien.

4.3.2 Die Suche nach dem „Kick"

„Wenn du natürlich jetzt mit so 'nem Übermob antobst und dann eben alles niedermachst, also das schönste Gefühl ist das eigentlich. Dann fliegen vielleicht 'n paar Flaschen oder Steine. Und dann rennt der andere Mob und dann jagst du die anderen durch die Gegend. Also siebenter Himmel. Das würdest du mit keiner Frau schaffen oder mit keiner Droge. Dieses Gefühl, das ist schön. "[51]

Man könnte die Gewalt der Hooligans mit einer Droge vergleichen oder – was ihrer eigenen Klassifikation für ihre Schlägereien näher kommt – mit einer Extremsportart. Der Alltag vieler Hooligans ist „zivilisations- und gesellschaftsbedingt erlebnis-, spannungs- und abenteuerarm[]"[52]; dies versuchen sie durch Stimulation mit intensiven Risiko-, Spannungs-, Schmerz-, Gemeinschafts- und Überlegenheitsereignissen, wie sie in Schlägereien vorkommen, zu kompensieren. Dabei sind Verletzungen natürlich unvermeidbar, doch ausdrücklich nicht das Handlungsziel, sondern nur eine unumgängliche Bedingung und führen laut den Hooligans, psychisch gesehen, zu einem „guten Gefühl".[53] Man bezeichnet dieses auch als „Flow"[54] oder „Kick"[55]. Wenn die Hooligans diesen Kick erleben, verschmelzen Handlung und Bewusstsein, sie zentrieren ihre Aufmerksamkeit auf ein beschränktes Feld von Reizen und verlieren dabei ihr Selbst – dies hängt auch damit zusammen, dass sie als Individuum im Kollektiv Hooliganmob untergehen. Wie viele Drogen verleiht auch die Gewalt ihnen ein Machtgefühl, das Gefühl, die Situation unter Kontrolle zu haben. Ihr Handeln ist somit autotelisch, das heißt: der Kampf, die Gewalt wird zum Ziel; sie hat an sich keinen Sinn, sondern ist Selbstzweck. Dieser „Kick" ist einer der Gründe, weshalb Hooligans ihr Tun subjektiv sinnvoll erscheint: „Das ist wohl die Faszination, dieses Gefühl von

---

49 Dunning 1984, S. 128.
50 Ebd., S. 131.
51 Hooligan, zit. nach Weigelt 2004, S. 49.
52 Pilz 1993, S. 53.
53 Eckert/Reis/Wetzstein 2000, S. 428.
54 Bspw. Pilz 1993, S. 60.
55 Bspw. Eckert/Reis/Wetzstein 2000, S. 428.

- 14 -

Abscheu und Verzückung zugleich, zu bemerken, wozu man fähig sein kann. Es ist das Delirium der Gewalt, der Exzess der Entgrenzung."[56] Entgrenzung könnten sie auch anderswo erleben, beispielsweise im bereits angesprochenen Bereich der Extremsportarten – doch ist hier zu fragen, ob das auf derselben Stufe steht, ob es also ebenso „befriedigend" sein kann wie Gewaltanwendung. Bill Buford, ein amerikanischer Journalist, der jahrelang engen Kontakt zu Hooligans hatte, hält Gewalt für „eines der stärksten Erlebnisse" und ist der Meinung, sie bereite „denen, die fähig sind, sich ihr hinzugeben, eine der stärksten Lustempfindungen."[57] Allerdings ist diese Aussage insoweit zu relativieren, als es offenbar Hooligans gibt, denen es genügt, die Atmosphäre eines Kampfes zu erleben. So stellt Giurgi fest, dass diese den Kick ebenso erleben können, indem sie „sich einfach hin und her mit der Masse bewegen, singen und schreien."[58]

4.3.3 Die Wechselbeziehung von Sportler- und Zuschauergewalt

„Nach 20 Minuten müssen drei Hamburger auf der Fresse liegen und nach den Sanitätern schreien. Meine Spieler müssen Schaum vor dem Mund haben, wenn sie die HSV-Trikots sehen."[59]

Pilz stellt fest, dass offenbar ein kausaler Zusammenhang zwischen der Gewalt auf dem Platz und der Gewalt auf den Rängen existiert: „Die Gewalt auf dem Rasen verstärkt […] die Emotionalität und Aggressivität, die Gewaltbereitschaft auf den Rängen."[60] In turbulenten Spielen, bei denen viele Gelbe oder Rote Karten verteilt werden, steigt die Gewaltbereitschaft der Zuschauer signifikant.

Grundsätzlich kann man zwei Arten von Gewalt unterscheiden: Die expressive Gewalt, das heißt Gewalt zum Gefühlsausdruck, die aus Angriffslust angewendet wird, und die instrumentelle Gewalt, das heißt Gewalt, die einen bestimmten Zweck verfolgt. Ein klassisches Beispiel für expressive Gewalt auf dem Fußballplatz ist das so genannte „Frustfoul", das allerdings aufgrund der allgemein akzeptierten Vorstellung des „Fair Play" kein großes Ansehen genießt. Als instrumentelle Gewalt könnte man beispielsweise ein taktisches Foul bezeichnen – das sicherlich ebenfalls nicht von allen Fußballkommentatoren und -fans sanktioniert wird, das aber wohl viele als notwendig betrachten, weil es nicht auf die Verletzung des Gegenspielers, sondern auf einen

56 Simon 2002, S. 90.
57 Buford 1992, S. 234.
58 Giurgi 2008, S. 39.
59 Der damalige Rostocker Trainer Uwe Reinders vor dem Spiel Hansa Rostock gegen den Hamburger SV, zit. nach http://www.kos-fanprojekte.info/veroeffe/schrif08/s08-16.htm.
60 Pilz, zit. nach Weigelt 2004, S. 55.

spielerischen Vorteil, nämlich die Unterbindung eines Erfolg versprechenden gegnerischen Angriffs, abzielt. Daher werden diese Fouls manchmal auch als „faire Fouls"[61] bezeichnet, was völlig widersinnig ist, da der Begriff „fair" Regelkonformität beinhaltet, wohingegen ein Foul ein Regelverstoß ist. Trotzdem heißen viele ein solches „faires" Foul gut und halten es sogar für mit dem Fair Play vereinbar oder gar für die Definition des Fair Play.[62] Anders verhält es sich mit der Gewalt von Hooligans oder allgemein bei Zuschauerausschreitungen: Diese wird, ohne zu hinterfragen, wie sie motiviert ist, rigoros abgelehnt. Pilz bringt den paradoxen Sachverhalt auf den Punkt: „Während auf der einen Seite der Kampf auf dem Spielfeld glorifiziert, die Gewalt auf dem Rasen legitimiert werden, werden die Gewalt, der Kampf auf den Rängen dramatisiert."[63] Je nachdem, ob die Gewalt von Spielern oder von Zuschauern respektive Hooligans ausgeübt wird, wird eine andere Messlatte der Toleranz angelegt. Gemäß dieser Doppelmoral ist Gewalt unter den Spielern nicht nur erlaubt, sondern sogar erwünscht, wohingegen die Gewalt auf den Rängen als fußballfremd deklariert wird. Das Problem des Hooliganismus ist also in dieser Hinsicht zum Teil hausgemacht: Die Fans beziehungsweise die Hooligans übertragen das Prinzip des Erfolgs um jeden Preis vom Platz auf die Ränge; dadurch werden gewaltförmige Aktivitäten subjektiv sinnhaft, weil aus der Sicht der gewalttätigen Fans der eigene Beitrag am Erfolg „unmittelbar dokumentierbar erscheint".[64] Sie verstehen sich als die „Elite" des Vereins und bedienen sich zur Durchsetzung dieses Anspruchs, ebenso wie dies die Spieler zur Durchsetzung ihres Erfolgsanspruchs tun, instrumenteller Gewalt. Wenn also auch die Fremdwahrnehmung, insbesondere in den Massenmedien, anders aussieht, ist der Unterschied zwischen einem „fairen" Foul und einer Hooliganschlägerei auf abstrahierter Ebene nicht sonderlich groß und ein kausaler Zusammenhang durchaus gegeben.

---

61 Vgl. bspw. http://www.redaktion-wissen.de/texte2005/jugendfussball.html.
62 Vgl. bspw. ebd.
63 Pilz, zit. nach Weigelt 2004, S. 55.
64 Heitmeyer/Peter 1988, S. 40.

4.3.4 Stigmatisierung und übermäßig starke repressive Maßnahmen gegenüber Fans seitens Verein und Polizei

„Mittlerweile ist das Konfetti verboten, der Alkoholausschank eingestellt. Die 'Affenkäfige' haben das Faß nun endgültig zum Überlaufen gebracht. Wir haben angefangen, uns zu wehren. Und wir werden so lange durchhalten, bis wir uns in der Kurve wieder wie Menschen und nicht wie gemeingefährliche Tiere vorkommen. Paßt bloß auf!"[65]

Im vergangenen Jahrhundert hat der Fußball große Veränderungen durchlaufen; er wurde aus dem sozialen Leben und der „Sinnproduktion sozialer Klassen"[66] weitgehend herausgelöst, wodurch sich auch die Rolle der Fußballfans bedeutend verändert hat. Es lässt sich ein von Kontrollinstanzen respektive vom Verein initiierter Auflösungs- beziehungsweise Zerstörungsmechanismus kollektiver Gesellungsformen feststellen, der zu Vereinzelungen und somit zur Auflösung von sozialen Milieus führt. Diesen Zerstörungsmechanismus bezeichnen Heitmeyer und Peter als die „Durchkapitalisierung des Fußballs"[67] und sehen diese als eine der Hauptursachen für Zuschauergewalt im Zusammenhang mit Fußballspielen. Dieser Meinung schließt sich auch Elias an und stellt fest, dass der Zerstörungsprozess Aggressionen, das heißt gewaltförmiges Handeln, hervorruft: „Es ist nicht die Aggressivität, die Konflikte, sondern Konflikte, die Aggressivität auslösen."[68]

Solche Konflikte kommen zustande, weil sich die Institution Verein gewandelt hat und zu einem kommerzialisierten Fußballunternehmen geworden ist, das ausschließlich auf Gewinn abzielt. Das impliziert die Aufgabe nicht profitabler Traditionsbestände, die Trennung von der Einbindung in die eigene Region, die völlige Mediatisierung und das Handeln mit Spielern wie mit einer Ware. Alle diese Merkmale kann man mehr oder weniger ausgeprägt bei nahezu allen Profiklubs beobachten. Im Zusammenhang damit hat sich auch die Bedeutung des Fans aus Sicht des Vereins geändert: Einem Bedeutungszugewinn beziehungsweise einer generell hohen Bedeutung der Gleichaltrigengruppe für Jugendliche, die im Prozess der Identitätsbildung begriffen sind, steht nun ein Bedeutungsverlust der Fans innerhalb des Fußballgeschehens gegenüber; diese „soziale Entwertung durch die Fußballunternehmen"[69] betrifft natürlich in erster Linie fußball- und erlebnisorientierte Fans, die ihre Identität durch den Fußball aufbauen. Der Aufbau von Identität wird zudem dadurch erschwert, dass

---

65 Aus einer von Fußballfans veröffentlichten Zeitschrift, zit. nach Heitmeyer/Peter 1988, S. 90.
66 Heitmeyer/Peter 1988, S. 34.
67 Heitmeyer/Peter 1988, S. 34.
68 Elias, zit. nach Heitmeyer/Peter 1988, S. 35.
69 Heitmeyer/Peter 1988, S. 36.

die Spieler eines Vereins austauschbar sind, wodurch eine Identifizierung mit ihnen und somit eine Identitätsbildung durch das Spiel selbst langfristig nicht möglich ist. Dadurch sind die Fans auf das „Abstraktum Verein"[70] angewiesen; der Verein jedoch reduziert die Bindung zu den Fans auf ökonomische Beziehungen und will passive, ruhige, am besten sitzende Konsumenten auf den Rängen – in der ZIS-Klassifikation ausgedrückt: ausschließlich A-Fans. Durchgesetzt werden diese Ziele durch Ausgrenzung unliebsamer Fans, konkreter: durch scharfe Kontrollen, durch bauliche Veränderungen der Fanblöcke („Käfige"), durch Zivilfahnder in den Blöcken[71]. Die Fans werden stigmatisiert; von der Polizei, die eine hohe Präsenz im Stadion zeigt, werden übermäßig starke repressive Maßnahmen, zum Beispiel der Einsatz von Wasserwerfern, ergriffen. Dadurch allerdings provozieren sie gewaltbereite Fans erst recht, wodurch die Auseinandersetzungen brutalisiert werden, auch in Bezug auf Stich- und Schusswaffen. Allein schon die Anwesenheit der Polizei lässt gewalttätige Neigungen aufkommen, weil diese – beispielsweise durch Kampfanzüge – aggressive Reize setzt. Insgesamt hat das Eingreifen der Polizei zudem keinen Erfolg: „Die verstärkte Kontrolle der Fans im Stadionbereich führt nicht zu einer Befriedung, sondern nur zu einer Verlagerung der Gewalt in andere, weniger stark überwachte und kontrollierte Räume."[72] Hierbei handelt es sich um die schon angesprochenen Drittorte wie Innenstadt oder Bahnhof, wo die Hooligans sich treffen, um fernab von flächendeckender polizeilicher Kontrolle ihre Schlägereien auszutragen. Dabei besteht, wie allerdings auch im Stadion selbst, die Gefahr einer Eskalation der Gewalt und somit einer Kriminalisierung der Fans[73], was dem Verein die Stigmatisierung erleichtert und dadurch wiederum zu einer Verschärfung der Situation führen kann.

5 Resümee

Nach Analyse der Gründe für Hooligangewalt zeigt sich, dass eine einseitige Betrachtung dem Problem nicht gerecht wird: Weder sind Hooligans hirnlose Schläger, die sich gegenseitig und auch Unbeteiligte schwer verletzen wollen, noch kann man sie von jeder Schuld frei sprechen: Sie verfolgen durchaus ihre eigenen Interessen, indem sie sich einerseits durch Gewalt wie durch eine Droge stimulieren und andererseits ihre Identität zunächst über den Fußball und schließlich über die damit verbundene

---

70 Ebd., S. 38.
71 Vgl. ebd., S. 41.
72 Pilz, zit. nach Weigelt 2004, S. 60.
73 Vgl. Weigelt 2004, S. 62.

Gewaltanwendung aufbauen, wobei sie einem archaischen Männlichkeitsideal zu entsprechen versuchen. Allerdings wird im Fußballspiel selbst Gewalt verharmlost und gefördert, wenn diese einen Zweck verfolgt – daher sollten sich die Verantwortlichen nicht wundern, dass die Gewalt im Zusammenhang mit dem Fußball generell zunimmt, auch wenn diese nur auf dem Platz propagiert wird. Ebenso wenig überraschend sollte es für Verein und Polizei sein, dass es zu Gewalteskalationen kommt, wenn sie pauschal repressive Maßnahmen gegen alle emotional beteiligten Fans ergreifen und somit diejenigen, die am stärksten mit dem Verein verbunden sind, aus diesem ausschließen.

Ohne Zweifel ist das Verhalten der Hooligans für viele nicht nachvollziehbar und aus objektiver Sicht prinzipiell nicht zu entschuldigen, sondern zu verurteilen. Doch man sollte dabei nicht aus den Augen verlieren, dass ihr Handeln ihnen aus mehr oder weniger einleuchtenden Gründen subjektiv sinnhaft erscheint und dass sie tatsächlich nicht nur die stumpfen Kriminellen sind, auf die manche Medienberichte sie gerne reduzieren.

6 Literaturverzeichnis

Buchquellen
- Buford, Bill: Geil auf Gewalt, München [u.a.] 1992.
- Dunning, Eric: Zuschauerausschreitungen. Soziologische Notizen zu einem scheinbar neuen Problem. In: Hopf, Wilhelm (Hg.): Elias, Norbert und Eric Dunning: Sport im Zivilisationsprozeß, Münster o. J., S. 123-131.
- Eckert, Roland, Christa Reis und Thomas A. Wetzstein: „Ich will halt anders sein wie die anderen", Opladen 2000.
- Giurgi, Paulin: Gewalt bei Sportereignissen. Fußball und Hooliganismus: der Hooligan im Mann, Marburg 2008.
- Heitmeyer, Wilhelm und Jörg-Ingo Peter: Jugendliche Fußballfans, Weinheim und München 1988.
- Meier, Ingo-Felix: Hooliganismus in Deutschland, Berlin 2001.
- Mummendey, Amélie: Verhalten zwischen sozialen Gruppen: Die Theorie der sozialen Identität. In: Frey, Dieter und Martin Irle (Hg.): Theorien der Sozialpsychologie. Band 2: Gruppen- und Lerntheorien, Bern und Stuttgart 1985, S. 185-216.
- Pilz, Gunther: Jugend, Gewalt und Rechtsextremismus, Hannover 1993.
- Popitz, Heinrich: Phänomene der Macht, Tübingen 1992.
- Schwendter, Rolf: Theorie der Subkultur, Frankfurt am Main 1978.
- Simon, Jana: Denn wir sind anders, Berlin 2002.
- Steinmetz, Linda: Hooligans. Gewalt macht Spaß. In: Eckert, Roland, Reis, Christa, Wetzstein, Thomas (Hg.): „Ich will halt anders sein wie die anderen", Opladen 2000, S. 378-391.
- Wagner, Ulrich: Eine sozialpsychologische Analyse von Intergruppenbeziehungen, Göttingen [u.a.] 1994.
- Weigelt, Ina: Die Subkultur der Hooligans, Marburg 2004.

Internetquellen
- „Emotionen beleben das Geschäft." Vom widersprüchlichen Umgang mit der Gewalt: eine sozialkritische Analyse, http://www.kos-fanprojekte.info/veroeffe/schrif08/s08-16.htm, abgerufen am 5.10.10.
- Gewaltakzeptanz und Rechtsextremismus unter Jugendlichen. Ursachen und Erscheinungsformen, http://www.sgbviii.de/S25.html, abgerufen am 9.8.10.
- Hooligan-Gewalt in Kufstein, http://www.live-aus-muenchen.de/default.asp?PkId=272&LCID=1031&ParentId=280&ArticleId=6340, abgerufen am 9.8.10.
- Outing wäre Selbstmord, http://www.taz.de/?id=archivseite&dig=2006/08/11/a0174, abgerufen am 5.10.10.
- Schwalben, Fouls und Meckereien, http://www.redaktion-wissen.de/texte2005/jugendfussball.html, abgerufen am 9.8.10.
- Studie über Hooliganismus, http://www.msvportal.de/forum/archive/index.php/t-425.html, abgerufen am 9.8.10.
- Zentrale Informationsstelle Sporteinsätze: Jahresberichte, http://de.academic.ru/dic.nsf/dewiki/1546189#Jahresberichte, abgerufen am 9.8.10.
- Zentrale Informationsstelle Sporteinsätze: Kategorien, http://de.academic.ru/dic.nsf/dewiki/1546189#Kategorien, abgerufen am 9.8.10.